AF252639

NOTICE

SUR

MONSIEUR PÉTIET,

CONSEILLER-D'ÉTAT,

INTENDANT - GÉNÉRAL,

DE LA GRANDE ARMÉE.

LETTRE A UN AMI.

L'Administration vient de perdre un homme éclairé; la société, un des citoyens les plus estimables dont elle eut à s'applaudir; une famille intéressante, le père le plus tendre: et l'amitié, qu'il servit toujours avec zèle et dévouement, versera long temps sur sa tombe des larmes sincères. Vous entendez, mon ami, que c'est de monsieur Petiet que je veux vous parler. Il est mort victime de son attachement à ses devoirs, et du travail actif que lui imposait une grande plaçe, qu'il a exactement remplie jusqu'à son dernier jour.

Je n'entrerai point dans les détails de sa naissance, de son enfance: il faut laisser ceux de cette espèce aux gens dont la vie inutile a besoin de cette ressource pour fixer l'attention, ou bien à ceux dont la vanité puérile peut s'imaginer que les lecteurs y trouveront de l'intérêt. Je ne veux vous le présenter dans ce court récit, simple et modeste comme lui, que sous le rapport de l'homme public.

Né d'une famille honnête et distinguée de la Bourgogne, son extérieur, ses manières nobles et aisées, son instruction, ont assez témoigné qu'il avait reçu de ses parens une éducation libérale. Attaché de bonne heure à l'Intendance générale de Bretagne, dont il fut *premier secrétaire* et *subdélégué général*, il mérita la confiance entière de plusieurs intendans, et particulièrement de M. de la B...., dont il fut l'ami, et qui, entraîné, comme tant d'autres magistrats respectables, par le torrent révolutionnaire, vit au milieu de son naufrage monsieur PETIET plein d'affection et de reconnaissance, et retrouva presque un bienfaiteur dans celui dont il avait été le patron.

On sait combien les fonctions administratives étaient difficiles en Bretagne, où la noblesse, jalouse de ses droits, a cru quelquefois signaler sa liberté en contrariant dans toutes les occasions l'intendant, qui portait aux états le titre de *commissaire du Roi*; où le parlement, plus indépendant que dans toute autre province, voyait cette magistrature royale avec une sorte de mécontentement qu'il ne craignait pas de manifester. Monsieur PETIET devait y éprouver des obstacles, des dégoûts; mais son esprit conciliateur, sa probité généralement reconnue, ses talens accompagnés de douceur et de modestie, lui gagnaient les coeurs, lui attiraient l'estime et la bienveillance: et il en reçut un témoignage flatteur dans l'empressement que rencontra son désir de s'unir à une famille considérée, où il trouva une compagne digne de toute son affection, autant par son attachement inaltérable, que par les grâces de sa personne et les qualités qui la distinguent.

Dans ce même temps, il exerçait les fonctions de commissaire des guerres. Personne n'ignore que ces charges, qui s'acquéraient à prix d'argent, avaient une origine très-ancienne, et qu'elles étaient très-recherchées, parce qu'elles étaient très-honorables. Elles émanaient immédiatement du Connétable, et des maréchaux de France depuis la suppression de ce grand office. Il ne suffisait pas pour être admis dans ce corps, d'avoir la finance suffisante pour en acquérir le droit; il fallait appartenir à des parens honnêtes et sans reproche. On ne pouvait traiter d'une charge qu'après en avoir préalablement obtenu l'agrément du ministre de la guerre, et il fallait avoir été employé cinq ans dans son ministère, ou avoir servi dans la ligne comme officier le même nombre d'années. On n'était reçu au serment, qu'il fallait prêter entre les mains du doyen des maréchaux, qu'après une enquête juridique de vie et de moeurs pures, et l'autenticité d'une conduite sans tache. On n'y faisait point ce qu'on appelle sa fortune: on cherchait à conserver la sienne, à l'accroître d'honneurs, de distinctions, de bonne renommée; et toute l'ambition se bornait, après avoir joui d'une autorité trop restreinte pour en abuser, mais suffisante pour faire le bien, d'une considération flatteuse, de la confiance, de l'estime, dirai-je de l'amitié, de la familiarité même des généraux et des premiers officiers de l'armée! Toute l'ambition se bornait à laisser à ses fils ce noble héritage. D'où vient donc que ce corps est aujourd'hui si déchu? Comment est-il successivement tombé dans une *déconsidération* qui touche presque à l'avilissement? On pourrait en assigner plusieurs causes.

D'abord il faut convenir que son existence, toute précaire qu'elle est, après les tempêtes qui ont tant causé de destructions et entassé tant de débris, est une espèce de reconnaissance tacite de son utilité; quelle utilité cependant que celle qui, n'étant appuyée, ni de crédit, ni de pouvoir, ni d'influence, n'a plus que des rapports subalternes et mécaniques· Recherchons le principe de cette *dégénération*.

On se rappelle que dans la première chaleur des idées exagérées sur la liberté du peuple, on avait décrété qu'il nommerait à toutes les places des administrations civiles, judiciaires et municipales; dans les troupes, les officiers étaient à la nomination des soldats: il ne restait donc plus que l'administration militaire où cette condition ne fût pas exigée. La vénalité des offices, qui, si elle a donné quelquefois lieu à des abus, a plus souvent été une garantie précieuse, étant abolie, les employés de cette administration, ceux des états-majors, se sont trouvés à la disposition des généraux, des représentans du peuple aux armées. De là des adjudans-généraux sans nombre, et cette foule de commissaires des guerres nommés par eux, que l'on avait portés jusqu'à onze cents, dont plusieurs sans instruction, sans études préliminaires, sans expérience, et quelques-uns d'une éducation négligée, de mœurs agrestes, couverts du bouclier de leur patriotisme (et quel patriotisme!), enfans de la prévention et de la faveur des démagogues, ont inondé les nombreuses armées françaises, dans lesquelles ils ont autant fait de mal que de bien; car si la bravoure naturelle aux Français a pu sous des chefs intrépides enfanter des miracles, l'administration, qui exige de la réflexion, de la fermeté, de la mesure, où les fautes de la précipitation, les erreurs d'une présomptueuse ignorance, occasionnent de dangereux mécomptes, a dû nécessairement, entraînée par la multiplicité des opérations, le désordre des circonstances, perdre son ressort, ses moyens de prévoyance, et la confiance attachée au développement des ressources utiles. Dans ce chaos, la fortune a paru le seul but auquel il fallût tendre, et, comme il arrive toujours, flattant de sa faveur les plus hardis, elle a encouragé de coupables négligences, et les a plusieurs fois couronnées du succès.

Dans ces temps désastreux où la réserve était taxée de pusillanimité et suspecté, l'attachement aux principes de l'ordre et de l'économie proscrit sous le nom d'une dangereuse aristocratie, monsieur PETIET ne put faire que des efforts infructueux pour conserver le corps auquel il était attaché, dans une espèce d'équilibre, et retarder sa ruine. Ordonnateur en chef aux armées de Sambre-et-Meuse et des Côtes, il fit tout ce qu'il put pour y maintenir l'administration : sa fermeté douce arrêtait les dilapidations, quand sa probité rigoureuse y servait d'exemple. Ses talens formaient des collaborateurs qui se sont depuis distingués ; et ce corps désorganisé, en diminuant de nombre, commença à s'épurer peu-à-peu.

La tourmente cependant ayant diminué en l'an III, une nouvelle constitution, encore éloignée du voeu national, mais que l'on crut appropriée aux temps, étonnante néanmoins pour être sortie du sein des orages, fit briller sur la France quelque rayon d'espoir vers une favorable amélioration. Deux *Conseils* furent formés pour remplacer cette *Convention* si terrible, et le choix du département d'Isle-et-Vilaine, guidé par l'estime, se fixa sur monsieur PETIET. Il vint à Paris, comme député au *Conseil des Anciens*. Il se montra, dans cette carrière nouvelle, ce qu'il avait toujours été, sage, laborieux, éclairé. Mais il n'y demeura pas long-temps: les ministères ayant été rétablis, au lieu de ces commissions, de ces agences, si onéreuses, qu'un esprit de vertige leur avait substituées, il fut désigné par le Directoire exécutif pour aider de ses lumières le général DUBAYET, appelé au département de la guerre; et bientôt ce brave général, qui pouvait retracer encore par ses grâces chevaleresques et sa valeur loyale une image des anciens preux, ayant été envoyé comme ambassadeur à Constantinople, monsieur PETIET fut nommé ministre de la guerre. *)

*) Après son ministère, le Département de la Seine lui donna une marque de son estime, en le nommant au *Conseil des cinq cents*.

Il faut avoir été témoin de ses embarras, de ses travaux, pour avoir une idée juste de la difficulté du ministère à cette époque. Le papier-monnaie dans le plus grand discrédit; les assignats tout-à-fait anéantis, remplacés par des mandats et des promesses de mandats, qui eurent encore une moins durable existence, leur amalgame avec le numéraire, qui commençait à reparaître, donnaient aux transactions des ministres un vague gênant, et un caractère d'incertitude qui n'inspirait que défiance. D'un autre côté, la multiplicité des rouages, le nombre immense des employés, l'absence trop longue des principes, étouffés par toutes les exagérations; tout le désordre favorable à la cupidité active, à l'audace des prétentions : comment triompher de tous ces écarts? comment revenir à des formes? comment établir une comptabilité? comment faire entendre la voix de la raison? Il y parvint cependant : il posa d'une main habile les bases de l'économie; il traversa d'un pas sûr et ferme cet effrayant dédale, et le premier depuis la révolution, il en fit sortir un compte précis, clair, lumineux, qui présenta avec justesse l'état des ressources données par le trésor public au ministère, et leur emploi. Ce compte, généralement applaudi, a servi de modèle à ceux qui l'ont suivi. Il y fut aidé par celui de ses collaborateurs qui,

sachant allier toutes les connoissances du litté-
rateur et du poëte aux grandes pensées de l'administrateur, a obtenu la confiance d'un puissant
monarque, et qui, parcourant aujourd'hui une
carrière brillante dont il ne doit l'éclat qu'à
son mérite, s'honore d'avoir été le disciple de
monsieur PETIET, avant de devenir son émule.

Fermons les yeux sur les instans, sur les
causes, qui l'éloignèrent du ministère. On ne
se souvient pas sans une sorte d'effroi que des
factieux hardis étaient au moment de reprendre
la puissance; que leur audace active était par-
venue à diviser le Directoire. Des soldats en
armes traversaient la France sans l'aveu de l'autorité de qui seule ils devaient en recevoir
l'ordre : Paris allait être de nouveau investi,
monsieur PETIET résista : sa noble résistance
suspendit une marche dont les présages étaient
sinistres. Il sacrifia son pouvoir, son existence
politique; mais il sauva la patrie de déchiremens
affreux, et des projets audacieux avortèrent.
Et voilà l'homme véritablement ferme, que des
juges intéressés ou prévenus, qui ne connaissent
de fermeté que celle qui les sert, ont accusé de
faiblesse! Des fautes et de graves erreurs sui-
virent sa retraite : bientôt les factions se ré-
veillèrent, s'agitèrent de nouveau. Plusieurs
événemens mémorables annoncèrent la guerre

civile. L'alarme se répandit partout, et des proscriptions jetèrent partout l'effroi : on crut voir un nouvel incendie prêt à embraser la France. Heureuses fautes ! erreurs favorables, qui devaient ramener triomphant des rivages d'Afrique un libérateur, dont les travaux infatigables préparent le bonheur de la grande Nation en l'environnant de gloire, et dont le génie vaste, planant sur l'univers, soutenant par sa puissance les amis du nom français, ne lui permettra pas un ennemi, comme lui-même ne peut avoir de rival.

Lorsque le gouvernement fut réorganisé, que le Premier-Consul, pénétré de la nécessité de rendre au ministère de la guerre une vigueur convenable, l'eut confié au général Berthier, à son compagnon d'armes, dont il vient naguères de récompenser les talens et le dévouement glorieux, d'une manière tout à la fois digne du souverain et de celui qui en est l'objet ; ce général rapprocha de lui monsieur Petiet, qui s'honora de remplir la seconde place dans un ministère où il avait occupé la première. Il y porta son esprit d'ordre, son goût pour le travail, son amour pour la justice, son expérience éprouvée ; et ces qualités, plus particulièrement connues du Premier-Consul, lui ouvrirent la porte du Conseil-d'état. Attaché à la section de la guerre, ce serait une question superflue de demander s'il y fut utile ? Il s'y fit remarquer par la sagesse de ses vues et la précision de ses avis, et le PREMIER - CONSUL, juste appréciateur de tous les genres de mérite, et qui se plaît à leur donner le moyen de se déployer, l'envoya en Lombardie pour y remplir les fonctions d'*Administrateur extraordinaire.*

Ici s'ouvre pour monsieur PETIET une carrière nouvelle. Ces fonctions, moitié diplomatiques, moitié administratives, tout à la fois délicates et imposantes, exigeaient de la prudence, de la tenue, un travail non interrompu : il s'agissait d'établir un gouvernement qui, sans choquer d'anciennes habitudes, des préjugés, des moeurs, des usages opposés à ceux de France, fit aimer aux Italiens les moeurs et les lois françaises, les y attachât par des liens de confiance et d'espoir. Pendant trois ans de séjour à Milan, il sut allier les formes aimables qui séduisent, à l'exactitude rigoureuse de ses devoirs. Une représentation brillante avec ordre, de la dignité sans hauteur, une fermeté noble jointe à une constante aménité, attiraient chez lui les citoyens de tous les ordres : l'empressement qu'ils témoignaient au représentant du PREMIER - CONSUL présageait celui que depuis ils ont mis à couronner le front victorieux de

NAPOLEON. Cette heureuse contrée, destinée à bénir la main qui la gouverne, en marquant à l'Administrateur extraordinaire, lorsqu'il la quitta, des regrets mérités, ne savait pas qu'elle dût bientôt acquérir un éclat nouveau, sous la loi d'un jeune prince doué de toutes les qualités, lequel, portant dans ses traits la douceur attachante de son auguste mère et marchant sur les traces du héros qui l'adopta, ajoute au bonheur de son gouvernement un charme inexprimable, par son alliance avec une princesse qui, née sur un trône, pare encore chaque jour la bienfaisance et la bonté par la réunion de toutes les grâces.

Rentré dans le sein du Conseil-d'état, monsieur PETIET semblait y borner ses soins et son ambition; mais une activité plus grande lui était réservée. Les menaces, les insultes du cabinet anglais inspirent à l'EMPEREUR le désir de les réprimer: il conçoit le hardi projet de porter la guerre dans les Isles britanniques, d'y faire descendre une armée puissante, et de dompter les anglais dans Londres, comme Annibal avait voulu vaincre les romains dans Rome. A sa voix tout s'anime: le marteau retentit dans tous les ports de l'Océan; des bâtimens nombreux se construisent partout en même temps, et doivent se rassembler à Boulogne. Toute la côte se hérisse de batteries, et l'ennemi qui fera inutilement de honteuses tentatives pour arrêter ce mouvement, sera forcé, dans sa rage impuissante, de la nommer lui-même la côte de fer : de fer en effet, inattaquable, foudroyante, protégeant contre de vains efforts les flottilles, que conduisent avec succès de braves soldats devenus d'intrépides marins. Trois camps sont formés, à Boulogne, à Montreuil, à Bruges. Là se rassemblent des armées formidables, dont l'Empereur guidera lui-même le bouillant courage. Mais il a besoin d'un chef habile pour diriger l'administration de ces armées : c'est monsieur Petiet qu'il appelle, et qui va, sous le titre de *Commissaire des camps et côtes de l'Océan*, justifier de plus en plus la confiance et y acquérir de nouveaux droits.

Les détails de l'administration furent très multipliés dans cette longue campagne, quoiqu'elle parût inactive : les soins qu'il fallut donner à la subsistance, aux besoins du campement, du barraquement, du chauffage, de l'embarquement, des hôpitaux de ces trois armées, furent très-pénibles. Monsieur Petiet suffit à tout. Accessible à tous les momens du jour, l'obligeance qu'il mettait à ce qu'il pouvait y ajoutait un nouveau prix : l'aménité dont il accompagnait des refus souvent nécessaires en tempérait l'amertume. Il n'y avait qu'une voix, vous le savez, qu'un concert de satisfaction. Mais l'excès du travail, l'inclémence des saisons, portèrent à sa santé une atteinte funeste : il éprouva une maladie dangereuse, qui alarma ses amis et qui excita dans l'armée une inquiétude générale. SA MAJESTE daigna lui témoigner un honorable intérêt ; elle lui envoya ses médecins, ses voitures : mais cette crise violente fut, hélas ! le germe de cette maladie de langueur qui devait le moissonner trop tôt, dans un âge où il aurait pu rendre encore tant de services.

Qui pourra jamais oublier l'impétuosité avec laquelle l'Armée des côtes se précipita des bords de l'Océan aux rives du Danube, lorsqu'une coalition nouvelle, formée par la haine aveugle de l'Angleterre, entraîna l'Autriche à sa perte ? Cette armée recueillit alors le fruit de son excellente organisation. Elle atteignit à grandes marches l'ennemi, qui la vit avec terreur sur ses pas, quand il la croyait encore menaçant l'Angleterre : et dès qu'elle l'eut atteint, chaque jour fut marqué par un succès, chaque marche fut un triomphe, jusqu'à ce qu'enfin, bien loin au-delà de Vienne, la mémorable victoire d'Austerlitz vint couronner tant de travaux, et disperser, à l'étonnement de l'Europe, les puissances qui s'étaient alliées avec autant d'inconsidération que d'inutilité. La santé de monsieur PETIET, son état de faiblesse, l'avertissaient de chercher le repos auquel il avait tant de droits. Il consulta moins ses forces que son dévouement; le zèle l'emporta: il suivit ou précéda l'armée, suivant que les besoins du service l'exigèrent de lui, recevant partout les ordres de l'EMPEREUR, qui venait de lui donner une marque nouvelle de ses bontés en le nommant *Intendant-général* de la grande Armée; et il ne s'arrêta qu'à Vienne, où l'aigle germanique devait s'abaisser devant celui de NAPOLEON.

Surprise par des mouvemens si rapides, par des opérations militaires aussi promptes que la pensée qui les avait conçues, l'administration dut se trouver embarrassée dans ses moyens. Celle qui était attachée à l'Armée des côtes et qui avait suivi toute entière ne suffisant pas, monsieur l'Intendant-général reçut de SA MAJESTE l'ordre de faire venir des commissaires des guerres et ordonnateurs des divisions de l'intérieur; et ils furent répartis sur toutes les places de l'Allemagne à mesureque les troupes s'y établirent. Il faut rendre justice à leur empressement, à leur activité, qui furent très-utiles; mais l'Intendant-général put se convaincre dans cette circonstance, que l'organisation ~~xxxxxx~~ de ce corps, telle qu'elle est aujourd'hui, demande·une refonte. Beaucoup de projets ont été présentés depuis peu d'années : quelques-uns dictés par de bonnes intentions, mais où se laissent apercevoir quelques prétentions de la vanité ; plusieurs, par d'anciens souvenirs, qui ne cadrent plus avec la hiérarchie militaire actuelle. Dans les uns, l'esprit militaire perce trop : dans les autres l'esprit contentieux est trop prononcé. On ne s'est pas assez souvenu que les administrateurs de l'armée, destinés à vivre avec les troupes, à pourvoir à leurs besoins, prêts à partager leurs travaux, à ne pas fuir leurs dangers, ne doivent être ni des procureurs ni des hussards. Depuis que le travail des revues leur a été enlevé, ils sont devenus plus étrangers au soldat, qui les voit moins : on est arrivé insensiblement à ne les plus regarder que comme des employés d'administration ; et les véritables employés profitant de cette espèce de rapprochement pour arborer l'étendard de l'indépendance, les commissaires des guerres, sans appui, sans aucun moyen de contrainte, sans pouvoir forcer aux égards, à l'obéissance qu'impose l'autorité, sont tombés dans une espèce de torpeur affligeante pour l'homme sensible, décourageante pour l'homme de caractère, et qui certainement ôte beaucoup des moyens d'utilité qu'ils devraient avoir. Il faut donc un changement, un changement prochain, que le génie de l'Empereur, auquel rien n'échappe, saura déterminer; auquel il imprimera le sceau de sa sagesse et de son étonnante sagacité. Mais à quoi bon cette digression, quand, pressé par le sentiment d'une perte instante, mon coeur gonflé me rappelle tout entier à la douleur ?

La fatigue, le travail, des contrariétés, suite nécessaire des détails immenses dont monsieur Petiet était chargé, aggravèrent sa situation. Je le vis à Vienne, étouffé de bile, ne dormant plus, ne digérant plus, accablé sous le poids du mal, n'ayant plus de force que celle de son courage, maigrissant et s'affaiblissant tous les jours. Après le traité de Presbourg, il suivit le quartier-général à Lintz, où ses travaux ne diminuèrent point. Lorsqu'aux termes de ce traité, l'Autriche entière fut évacuée par l'armée française, il suivit monsieur le maréchal Berthier, major-général, et lui demanda d'aller à Strasbourg, où sa famille était restée dans l'inquiétude et l'attendait. Les soins touchans de sa compagne, d'une fille chérie qui justifie si bien sa tendresse, produisirent dans son état une amélioration sensible. Son fils aîné, auditeur au Conseil-d'état, qui ne l'avait pas quitté pendant toute la campagne et lui avait montré autant d'affection que d'assiduité au travail, put voir combien ces espérances causèrent de joie à ses amis. Mais son dépérissement l'emporta sur les causes morales qui lui avaient procuré un mieux-être dont nous tirions un favorable augure. Il obtint d'aller à Paris, chercher dans sa maison, auprès des maîtres de l'art, des secours plus efficaces. Il était trop tard; il devait succomber, et il n'y vécut que pour voir ses travaux récompensés par l'intérêt si flatteur de l'EMPEREUR ET ROI. La bienveillance d'un grand homme a consolé ses derniers momens: il a été fait grand-officier de la Légion d'honneur; peu de jours après il a été élevé à la dignité de sénateur, qu'il avait désirée, dont SA MAJESTE IMPERIALE lui avait donné l'espérance, et dans laquelle il voyait la perspective d'un repos glorieux et encore utile. Ces titres, ces faveurs, orneront son tombeau: ils seront pour ses enfans des monumens respectables, qui les encourageront à l'imiter, puisqu'il ne leur reste plus de lui que sa mémoire vénérée et l'exemple de ses vertus.

Il est mort la nuit du 24 au 25 Mai, à cinquante-sept ou cinquante-huit ans environ.

> Multis ille bonis flebilis occidit,
> Nulli flebilior quam mihi.

Je l'ai vu souvent dans son intérieur; je l'ai vu occupé de grandes affaires: son amitié constante, depuis plus de quinze ans, m'a soutenu, consolé, encouragé. J'ai peu vu d'hommes unir au même dégré les qualités sociales aux vertus publiques. Adoré de sa famille, au milieu de laquelle l'autorité paternelle était toujours cachée sous les procédés indulgens de la fraternité; d'une gaîté que n'altéraient point ses grandes occupations; il la laisse livrée à une légitime et profonde douleur, que ses amis, dont il pouvait presque compter le nombre par celui de ses connaissances, partagent. Quelques égoistes, pourtant, quelques esprits chagrins, ne lui ont pas rendu toujours toute la justice qui lui était due: des personnes irréfléchies n'ont pas craint de lui reprocher ce que dans cette campagne l'administration n'a pu faire, au lieu de lui savoir gré de ce qu'il a fait. Il était malade: ses efforts ont hâté ses derniers instans. Quel vol d'ailleurs peut suivre la rapidité de celui de l'aigle? quel homme pourrait tout préparer, tout prévoir, quand le génie, prêtant ses ailes à la victoire, doublant les forces de l'humanité, ne laisse pas à la renommée la liberté du lendemain pour publier les miracles de la veille? Si une vertu aussi pure que la sienne, si un coeur aussi bienfaisant, si un désintéressement aussi noble, un zèle aussi soutenu, n'ont pu désarmer entièrement l'envie, qui sera assez téméraire pour s'en croire à l'abri? Ainsi donc les travaux de l'homme public, les rêves de l'ambition, les illusions de l'espérance, les jouissances de la bonté, la réalité même de la vertu; la jalousie des rivaux, les complots des méchans, la turpitude du vice, les bonnes comme les mauvaises actions: tout va s'éteindre et s'anéantir dans la tombe! mais l'horreur que laisse le souvenir des uns est affreuse; et les regrets des gens de bien, les larmes de l'amitié, sont une belle récompense, qui doit exciter l'émulation de l'homme vertueux, et lui adoucir l'amertume inséparable du moment où il faut renoncer à la vie.

Je suis &c.

5 Juin 1806.

www.ingramcontent.com/pod-product-compliance
Lightning Source LLC
LaVergne TN
LVHW051136060726
842526LV00006B/2094